खत्त

A LETTER TO HER WHICH WAS NEVER SENT.

ब्रिजेश कुमार तिवारी

Made with ♥ on the Notion Press Platform
www.notionpress.com

इस किताब में मौजूद शेर, ग़ज़ल, कवितायें और नज़्म उन लोगो को समर्पित हैं जिनके कारण मेरे अन्दर ये कला या सोच आई की, मैं इन्हें लिख सकूँ।

क्रम-सूची

क्रम-सूची

1. पुस्तक का शीर्षक और....

ये एक खत्त था किसी के नाम जो कभी लिफाफे में जा न सका
"मोहब्बत है उसी से आज भी मगर
नहीं खबर उसी से मोहबत है आज भी"

खत्त

Brijesh Kumar Tiwari

"इश्क की बहेस बहुत बड़ी बहेस है बड़ी लम्बी बहेस है, ये कोई नहर का कीनारा नहीं की आप ने पार कर लिया कुछ पालो में, ये असमानों के निचे बहुत बड़ी ज़मीन पे फैला हुआ एक वसी और आमिक और पुक्खीतर समन्दर है जिसको समझाने के लिए आपको इसके अन्दर उतरना पड़ता है, लेकिन इसके लिए आपको दिल खुला रखना पड़ता है|
जिस तरह औरतें बच्चे जन्मती हैं उसी तरेह एक शायर नज्में पैदा करता है ते शेर उसके बच्चे होते हैं|"

• तहजीब हाफी

2. जिगर के खून को

पहले जिगर के खून को
आंखों तक लाया जाता है
लहू का एक-एक कतरा फिर
शराब में मिलाया जाता है
अपने सारे रकीबों को समिल करके
धीमी आंच पर दर्द को पकाया जाता है
महफ़िल सजती है फिर
चिरागों को बुझाया जाता है
कुछ भूली बिसरी बातो को फिर याद करके
खुद को खुद में खद् हराया जाता है
गजल गाने का एक अंदाज होता है
जख्मों पे दाब देके जब रूह से आह निकले
सर जमीन पे पटक के गजल सुनाया जाता है

3. तुझे कभी ना बताऊंगा

तुझे कभी ना बताऊंगा

तुझे कभी ना दिखाऊंगा

जो भी दिल में खंजर चले या तुफाने चलें

इश्क है? या मोहब्बत? नहीं मालूम खुद जो भी हो एहसास

तुझे कभी न जताऊंगा

जो दोस्ती की इक लकीर है हमरे दरमियाँ

रो दूंगा खून के अंशु

उसे कभी न मिटाऊंगा

कभी जो दिख जाऊं आँखों में दर्द या हाथ कांपते हुए

मत पूछना

क्यूंकि वजह नहीं बताऊंगा

कभी दिख जाऊं अकेले गुम सुम सा ख्यालों में खोया

मत पूछना क्या सोच रहा हु

क्यूंकि कभी नही बताऊंगा

प्यार हुआ है या बास एक खाली दिल को भरने का बहाना है

ये कभी खुद को भी नहीं बताऊंगा

इश्क का अंजाम नहीं चाहिए जांना

सफ़र में ही खुश हूँ मैं

इसी लिए मोहब्बत हो भी तो

तुझे कभी नहीं दिखाऊंगा

4. मसअला

कुछ चलता है जहेन में

एक ख्याल कई सवालों के साथ

एक सांप जैसे चल रहा हो हमारी खाल में

ये मसअला दिल का या सत्ता का नहीं

ये मसअला है आजाद ख्यालों में लगे जालो का

एक पिसाच जैसे आ बैठा हो हमारी हवेली में

जिसने हस्ते खेलते घर में मातम मचा रखा हो

ये मसअला नहीं बेवफाई या रिश्क का

ये मसअला है बिस्वास का

खुद पे बिस्वास का

हम दुसरो को अच्छे लगे के लिए जिए जा राहें हैं

कभी रुक के सोचा है आखरी बार खुद के लिए कब जिया था

आखरी बार कोई ऐसा कुरता कब पहना था

जो लोगो को नहीं तुम्हे पसंद था

खुद की मर्ज़ी नाम के एक मोहहले में एक न रुकने वाली बारिश ने घर
कर लिया है

ये मसअला दूसरो के आचे लगने या न लगें का नहीं है

ये मसअला उन चार लोगो की सोच का है जिनसे तुम्हे कोई मतलब नहीं
होना चाहिए

याद करो मोहले की वो लड़की या गली का वो लड़का जो तुम्हे बहुत पसंद
था

मगर उन चार लोगो के डर से तुम दोस्ती भी न कर सके

ये तुम भी अब मान लो की इस समाज के बनाये साचे में बसने के लिए
नहीं बने हो तुम

तुम हो इस समाज के बहार के

अपने बिचारो के पंख को फैलाओ वो करो जो तुम्हे पसंद है मगर लोग
शायद मजाक उदय

जाओ आज उस लड़के या लड़की से पहली बात छेड़ो
होंगी बाते तुम्हारे बारे में हिने दो

• 5 •

5. एक छोटे शहर की एक कहानी है

एक छोटे शहर की एक कहानी है
की जिसका मैं दीवाना था
वो अब किसी और की दीवानी है
आग के मोम लगा गले
शीशे से तोड़े पत्थर जो
की ऐसी ही जवानी की कहानी है
थे मौसम वो सावन के शर्दी के
उन रातों में दी गई इश्क की निशानी थी
जिसमे न कुछ पाने की लालच
न कुछ खोने का खौफ
ये एक ऐसे ही इश्क की कहानी है
इक रात क्या हुआ हीर रूठी रांझे से
एक तरफ नौकरी एक तरफ हीर
उसे नौकरी बचाते बचाती हीर भी मनानी है
खाए गए थे कई कसमे संग जीने और मरने के
किसे था पता उन दोनों को कई साल हिज्र में बिताने हैं
कई तौफो का हुआ आदान प्रदान
वो नहीं जान पाया की इक दिन ये भी जलने हैं
उस से बिछड़ने का दर्द तो आज भी बहुत है लेकिन
जुदाई के पहले हफ्ते की बात अनजानी है
अब ये न पुचना हीर कौन राँझा कौन
अब समय काल जगह न पूछ लेना इन घटनाओ की
ये तो बस एक कहानी है

6. तुम जा रहे हो

सुनो मैंने सुना तुम जा रहे हो
हमें तुम फिर नहीं बुला रहे हो
हाथ पीले होंगे मेंहदी लगेगी
चुड़े होंगे सिंगार होगा
कितनी प्यारी लगोगी न
अब तुम किसी और की होकर रहोगी न
वो सारे वादे वो सारे गाने
भूल जाना अब तो
क्या कहा क्या-क्या भूलना है
वो exam का दिन भूल जाना
वो कॉलेजमें मेरा तुम्हारे पास आना भूल जाना
वो पुरे दिन फ़ोन पे की बातें भूल जाना
वो ट्रेन का सफ़र वो विडियो कॉल भूल जाना
मैं ना भूल पाऊंगा शायद कुछ चीजें
वो पुराने गाने सिंके खुश होना तुम्हारा
वो राजीव चौक पे मिलने बुलाना तुम्हारा
वो तीन घंटे का इंतज़ार वो वो मेट्रो का सफ़र
वो हर शनिवार को तये करना की कल मिलना और
दस ग्यारह बजे मुकरना तुम्हारा
नहीं भूल पाऊंगा की प्यार होगया था तुमसे
और हर रोज एक नए तौर से हो रहा था
तुम जाओ मगर तुम्हे अपना बनाना चाहता हु
मगर ये हो ना सका और ये आलम है
मैं यहाँ एक वीरान ज़िन्दगी की आगाज पे हूँ
न होगा इश्क अब किसी गुलनार से
ये परवाना जल के नहीं मरेगा
ये दीवाना गम में कोई बेवकूफी नहीं करेगा

तुम्हे मुझसे जुदा करना नामुमकिन है जांना
तुम रग्गो में दौड़ती हो लहू बनके
तुम सिने में बसी हो साँस की तरह
तुम वो यादें हो जहेन में मेरे जिसे मरके भी मिटाई नहीं जा सकती
इश्क है तुमसे अमगे मैं ये भी जनता हु
तुम अब मंडप से बुलाई नहीं जा सकती
तुम इश्क हो आखरी
तुम कभी भुलाई नहीं जा सकती

7. उसका मेरा

शहर था किसी का बसाया हुआ
हमारे लिए
वो जो दिल था किसी का सजाया हुआ
हमारे लिए
हमने खुद उजड़ा है उसे
जिस जब्बन से जी के अलावा कुछ न निकला आज तलक
हमने खुद जलाया है उसे
वो जो मांगती थी बस दुआ साथ रहने की
जिसने मांगी नहीं अब तलक चाँद तारे भी
वफ़ा ना दे सका उसे जिसने सब कुछ दिया था अपना
अब वो यादें एक भूत की तरह जगती हैं
वो आज भी हमें मिलने ख्वाबों में आती हैं
मगर अपनी सफाई में है कहना ये मुनासिब मुझे
माफ़ कर देना अगर हो मुमकिन की छोरा मैंने हाथ
था मैं मजबूर कुछ बंदिसो के वास्ते ऐ जांना
मगर युम्हारे प्यार को मिलेंगी साड़ी इज्जतें
और हमारे हिस्से मैं आती है तुम्हारी भी सारी जेहमतें
अब बस यही हो सजा हम रहे गुमनाम यो हो जाए किसी हसीं के हाथों
शिकार मगर
ये दिल न धड़केगा जैसे की धडकता था
की जुबान ना गायेंगे वो गीत जो सारे तुम्हारे थें
ये हाथ टूट जायेंगे कोई शेर लिखते हुए की
गला फट जाए कोई ग़ज़ल सुनते हुए

8. बड़े दिनों

बड़े दिनों बाद मिले हो
क्या तुम मुझे अब भी याद हो
नजरे मिली तो पता चला
तुम आज कल रो बहुत रही हो
कोई ग़म जो तुम्हे अन्दर से खा रहा है
कोई और ही है वो जो तुमसे दूर जा रहा है
ये अंशु मुझसे मिलके नहीं आसकते
ये कोई इतेफाक ही होगा
तुम सोच समझ कर मुझसे मिलने नहीं आसक्ति
जिसके हाथो में तुम्हे अपनी लकीरें दिखी थी उसका क्या हुआ
मेरे बाद जिसे जगह दिया था अपने ख्वाबों में उसका क्या हुआ
कही वही तो नहीं हुआ तुम्हारे साथ
जो तुमने किया था मरे साथ
कोई कह गया क्या तुमसे
वही जो तुमने मुझे कहा था
तुमने कहा था अब मोहब्बत नहीं तुमसे
प्यार नहीं आता अब तुमपे और
नहीं रहना तुम्हारे साथ अब और
अब जो आये हो इश्क की ख्वाहिश के साथ
किस मुह से मांगते हो माफ़ी
जितना किया दर्द काया काफी नहीं
जो और देने आये हो
तुम तो खुद के ज़मीर पे पांव धर के आये हो
ना अब होगा इश्क तुमसे जांना
तुमसे मोहब्बत अब और नहीं एसी बात नहीं
अब तुमपे मरने का जुनून न रहा
तुम्हे खोने का डर ना रहा

सीवान मरगया कब का
वो चला गया कब का
और लेगया तुमपे भरोसे की वजहें
तुम्हे अब और मैं नहीं संभल पाउँगा
तुम दिलो का खून पीती हो
जिगर का मांस खाती हो
तुम्हे अब ये चीजे नहीं दे पाउँगा

9. तुझे भी प्यार हो सकता था

इन् वीरानियों में भी हमारा घर बार हो सकता था
कोशिश न की तूने तुझे भी प्यार हो सकता था
होसकता था की हम एक दूजे के होक रह जाते
हमारा भी एक छोटा सा परिवार हो सकता था
तुझे डर था की एक सच से रिश्ता तोड़ दूंगा मैं
झूठ बोलके तो देखा होता हमें उसपे भी ऐतबार हो सकता था
जरूरी नहीं जिसके हाथों में खून लगे वही कातिल हो
वो मददगार भी हो सकता था
हमें मरने को ज़हर की जेहमत उठाई राधे?
तेरी निगाहों से निकला तीर ही मेरे कलेजे के पर हो सकता था
अपनी ही ज़िन्दगी से उब गया हूँ मैं
बस तेरे होने से जांना ये भी खुशगवार हो सकता था

10. उसका मेरा

हर किसी ने की बेवफाई मैंने भी बहुतों का दिल दुखा दिया
तुझे जब पाया था तो लागा कोई सच्चा इस बार आगया
कितने बरस बीत गए हमनें जिद्दा हुए हमें तो याद भी नहीं
तुझे हमसे कभी मोहब्बत थी ही नहीं
ये बात अब तूने मुझे क्यूँ बता दिया?
एक उम्मीद थी की इक सच्चा प्यार है मेरी फेहरिश्त में
तेरे इस सच में मेरी पूरी ज़िन्दगी को एक झूठ बना दिया
जौन-फैज का शागिर्द हूँ दुख है तो दुखाउंगा भी
ये तो बाद की बात है मगर तेरी बात ने उस रात मुझे रुला दिया

11. हिस्सा

ये चाँद तारे
ये सुबह की धुप
ये बारिश की बूंदें
मेरे हिस्से में नहीं आती
ये ठंढी हवायें
ये रात ये चांदनी
ये शाम ये शर्दी की धुप
ये इश्क ये दोस्ती
ये मोहब्बत ये अपनापन
ये इजहार-ए-मोहब्बत
मरे हिस्से में नहीं आती
तुम्हारा साथ तुम्हारा हाथ
तुम्हारी दोस्ती तुम्हारी मोहब्बत
मेरे हिस्से में नहीं आती

12. तुम हो

पहाड़ों के पार झीलों में खिलता कमल तुम हो
बारिश की बूंद जो फूलों पे जा बैठे वो तुम हो
तुम किस नदी की तरह लहराती हुई जाना
जो पर्वत का सीना चीरे वो तुम हो
किसी के मिजाज की आजाद ख्याल हो तुम
कसी की किस्मत की चाभी तुम हो
हक है तुम्हे अब आबाद करो हमें या बर्बाद
मेरे सिने में चलने वाला तूफान भी तो तुम हो
तुम दौड़ती हो लहू बनके मेरे रगों में
इतनी मुद्दत के बाद आने वाली नींद तुम हो
हा ये सच है की इश्क मुकमल नहीं अपना
लेकिन जो दर्द चाहिए मुझे अब जिंदा रहने को
वो दर्द जाना तुम हो

13. मैं तुझे फिर मिलूंगा

मैं तुझे फिर मिलूंगा
कहा? कैसे? पता नही
तेरी रेशमी दुपट्टे का धागा बनके तुझे लिपटा रहूंगा
पर मैं तुझे फिर मिलूंगा.
सूरज की किरण बनके
तेरे रंग में घुल जाऊंगा
तेरे गोरे गाल पे मुस्कान बनके रहूंगा
पता नही किस तरह कहा
पर मैं तुझे फिर मिलूंगा
शायद बारिश में पानी की बूंद बनके आऊ
या हवा बनके तेरे जुल्फो से खेलूं
गर्मी में ठंडी हवा बनके सुकून दूंगा
या ठंड में कंबल की गर्मी बनके आऊंगा
ये जिस्म एक दिन खत्म हो जायेगा
मगर राख होके तेरे साथ मैं घुल जाऊंगा
तेरे चेहरे की हसी तो कभी तेरे आंख का आंसू बनके ही सही
मगर मैं तुझे जरूर मिलूंगा
तेरा साथ इस जन्म में ना दे सका <u>मगर</u>
कब कहा कैसे पता नही मगर मैं तुझे फिर मिलूंगा

14. फर्ज करो

सम बहुत सुहाने होते
फर्ज करो
तुम मेरे दीवाने होते
फर्ज करो
नदियाँ दरिया झील समन्दर मै होते
बदल भी मैकहने होते
फर्ज करो
महफ़िल, किसी से काम की बातें, रिस्वाई
सब मिलने के बहाने होते
फर्ज करो
जल जाते कुछ लोग शहर के मुझसे भी
अपने भी अफसाने होते
फर्ज करो
रौशन है ये रूह तुम्हारे ख्यालों से
सच में तुम सिरहाने होते
फर्ज करो
वही सब जो दुनिया को समझाए हैं
खुद को भी समझाने होते
फर्ज करो
मर जाते ये लोग या पागल हो जाते
अगर इतने दर्द उठाने होते
फर्ज करो

15. हिमवान की बेटी

तू उठ ए हिमवान की बेटी

तुझे अभी ज़माना बदलना है

तूझे अभी और चलना है

यही पे सफ़र ख़त्म नही हुआ

यही से एक नया दौर लिखना है

तू सस्वती तू लक्ष्मी तू हिमवान की बेटी है

तू है बनदेवी अभी अपना राम खोजना है तुझे

तू मीरा है तू सीता तेरी आँखों से जो झलके वो अंशु नहीं गंगा जल है

इन्ही आंशुओं से कितनो का जीवन शुद्ध करना है तुझे

तू उठ ऐ शंकरी मेरे साथ चलना है तुझे

16. उठो

उठो अब बहुत हुआ रोना धोना
एक नयी ज़िन्दगी इंतज़ार आकर रही हैं
उठो अब तुम्हे खुद को सवारना हैं
उठो की अब तुम्हे खुद के लिए जीना है
वो झूठे जो तुम्हे कोमल कमसिन की परिभाषा दिया करते थे
तुम तो पर्वत सी विशाल हो
तुम तो हीरे सी कठोर हो
तुम तो जिसके साथ हो उसका दिन सवर जाए
तुम अन्पुरना की सक्छात सवरूप हो
तुम तो दुर्गा भी उर तुम्ही मेनका भी
जो थामे आँचल उनके लिए तुम सब कुछ हो
जो खींचें वही आँचल उनके लिए काली भी तुम्ही हो
ऐ दोस्त तुम सिर्फ इक लड़की नहीं
तुम खुद में सब कुछ हो
तुम सिर्फ खुबशुरत ही नहीं
तुम सुन्दर होने से भी कुछ ज्यादा हो

17. मैं कौन हूं?

मैं कौन हूं? क्या हूं?
मैं ईशान हूं, मैं ईशान नही हूं।
मैं हवा हूं मैं रेत हूं
मैं पानी हूं मैं आग हूं
मैं चांद हूं मैं रात हूं
मैं लावा हूं मैं सूरज हूं
मैं विज्ञान हूं मैं साहित्य हूं
मैं भगवान हूं मैं खुदा हूं
मैं मसीहा हूं मैं शैतान हूं
मैं राम हूं मैं रावण हूं
मैं कृष्ण हूं मैं कंस हूं
मैं मूसा हूं मैं फैरो हूं
मैं डेविड हूं मैं गोलैथ हूं
मैं भीष्म हूं मैं सकुनी हूं
मैं बारिश की पहली बूंद हूं
मैं जेठ में बहती लू हूं
मैं पुस की ठंडी रात हूं
मैं सावन की सुहानी शाम हूं
मैं दर्द हूं भूखे लोगो का
मैं आंसू हूं अंधे लोगो का
मैं में करुणा हूं किसी मां की
मैं सौर्य हूं किसी के बाप की
मैं तुलसी के कलम की स्याही हूं
मैं वाल्मीकि का रामायण हूं
मैं ईशा हूं और मैं ही जुडास
मैं कौन हूं? मैं क्या हूं?
मैं सब हूं मैं वक्त हूं

मैं सब हूं

18. हुस्न को हुस्न

हुस्न को हुस्न होने में समय लगता है
जिसे सितारों को रात सजाने में वक़्त लगता है
इश्क और चाय धीमी आंच पे बनते हैं
इश्क जगाने में थोड़ा वक़्त लगता है

19. शेर

ना था कोई वादा इश्क निभाने का

पर था इश्क सच्चा मेरा

तेरी शादी की खबर सुनके ही तोड़ दिया था मैंने

तूने दिया था जो खुबसूरत सपना मेरा

ऐसा न सोच के तेरे बाद और से दिल बहलाया जाएगा

दिल तो दिल ये अखिर किसी पे भी आएगा

तू एक शायर की मोहब्बत है जाना

तुझे शादियों तक ये जमाना गुन गुनाएगा

मेरे सीने में चलने वाला तूफ़ान वो तुम हो

तुम दौड़ती हो लहू बनके मेरे रगों में

इतनी मुद्दत के बाद आनी वाली नींद तुम हो

हाँ ये सच है कि इश्क मुकमल नहीं अपना इश्क

लेकिन जो दर्द चाहिए मुझे अब ज़िंदा रहने को

वो दर्द जाना तुम हो

हिनाई(मेंहदी वाल) हाथ से आँचल संभाले

वो शर्माता हुआ कौन आ रहा है

क़दम उसके ज़मीन पे नहीं पड़ रहें

मेरी नींदों को कुचलता हुआ कौन आरहा है

20. आराम का दिन

किस तरह बसर होगा आज दिन
उसे ना देख पाने का गम और काम का दिन
दिल कुछ यूँ आवाज़ें मार रहा है
आज घर पे रह और बना ले इसे आराम का दिन
आज दफ्तर जाने का दिन नहीं करता
उसकी यादें छोड़ जाने का दिल नहीं करता
करता मैं भी इजहार-ए-इश्क़ मगर
उस से ना सुनके घर आने का दिल नहीं करता

21. शेर

उसे इश्क की मालूमात न हो
इस लिए रोज नजर छुपाई जाती है
एक पल उसे देख कर फिर नज़र घुमाई जाती है
उस एक पल में दिल ऐसे आग हो जाता है
जैसे तंदूर में आग भड़काई जाती है

22. आसमानी

तुझ पर एक ग़ज़ल लिखी जायेगी
कागज पे नहीं आसमा पे लिखी जायेगी
स्याही का काम सितारों से लिया जाएगा
हसीनो के लिए तो बड़े शायर लिखा करते थे
ग़ालिब फैज और फ़राज़ लिखा करते थे
अब इस नाचीज से कहा लिखी जायेगी

23. किसी दर्द

किसी को दर्द देना हो तो क्या किया जाए?
भीड़ में हाथ थाम के छोड़ दिया जाए
या उसके अंशु पे मुह फेर लिया जाए?
मैं तो कहूँगा उसे प्यार दो बहुत फिर
उस से सब कुछ छीन लिया जाए

24. इसके बाद भी

एक बदल है जो चाह के भी रो नहीं पा रहा
एक आँख है जिसमे हैं ज़माने के दर्द
एक दुनिया है जहा तेरे जैसा कोई नहीं
एक उम्मीद है तुझे पाने की
तेरे ना कहने के बाद भी

25. दिल जलाया जाए

तू हँसे तो फूल खिलाया जाए,
सीतारों से तेरा कमरा सजाया जाए।
अगर कभी कम पड़े रौशनी जानना,
बे-झिझक मेरा दिल जलाया जाए।
सोच तू मुझसे दूर हुआ तो क्या होगा,
ये दिल तेरी यादों में बेकाबू होगा।
तेरी कहानियां बताएगा,
मेरे होश में सदा तेरा साथ रहेगा।
तू सबसे प्यारा है मेरे दिल में,
और कब तक साथ रहेगा।

26. इश्क

ये तो बस एक कहानी रह गई

इस पार चले आये हम, उस पार इश्क की रवानी रह गई|

तू जायेगी जा, मैं नहीं रोकता तुझमे अगर हुस्न का गुरुर है

हम में भी इश्क की आदत खानदानी रह गई

बादशाह ने कहा चुनवा दो इसे दिवार में

वो निस्सा थी ये जुल्म भी इश्क में सह गयी

मैं किनारे पे बौठा इंतज़ार करता रहा

एक वो है जो नदी के इसरो पे बह गयी

जाते वक़्त भी तुमने मेरे इश्क की इज्जत न रखी

जो बात मैं सपने में भी न सोचता वो तुम कह गयी

इश्क में बर्बाद मैं क्या हुआ राधे

एक वो है जो घर-बार छोड़ किशन के संग रह गयी

27. टूटा हुआ

मैं देखता हूं तू टूटा हुआ नजर आता है
ख्यालों पे जोर पड़े तो माथे पे सिकन आता है
रिश्ते बदलते हैं तो बहुत गुस्सा आता है
तू माने या ना माने तेरे हिस्से का
दर्द अब भी मेरे हिस्से आता है
तू बस आगे चलता रह बिती बातो
पे तवज्जू देने से बस रोना आता है
सफर में पत्थर भी मिलेंगे और कांटे भी
मगर मंजिल पे खुदा मिलता है
सफर में हो तो कई चेहरे मिलेंगे
लोगो का आना जाना चलता रहता है
वो जो ऊपर बैठा है न जिसे खुदा कहते हो
उसी की मर्जी से यहां जीना मरना चलता रहता है
कोई छोड़ के चला जाए
तो दुःख के सिवाऔरक्याआताहै

28. प्यार नहीं होता

लोग अच्छे लगते हैं मौसम सुहाना होता है
रातों में नींद आती है दिन मनभवना होता है
मगर प्यार नहीं होता
फिर किसी की साथ अच्छा लगता है
फिर किसी से बात करके सुकून मिले
फिर किसी के साथ चल के सफर कटे
मगर प्यार नहीं होता
आंखे सुजी नहीं होती होठों पे मुस्कान होती है
तकिए सूखे होते हैं चादर सिलवतदार होती है
नींद सुकुं की आती है ख्वाब सुहानी होती है
मगर प्यार नहीं होता
नीली कलम की स्याही होती है
गजल खुशगवार होती है शेरो में उम्मीद झलकती
नज़्म मौसम की बाहर होती है
लिखने बैठे तो दर्द नहीं होठों पे मुस्कान होती है
मगर प्यार नहीं होता
दुख भी अब हमें रुला नहीं सकता ऐसी हिम्मत जोरदार होती है
ज़िंदा रहने का एक बहाना होता है
मगर फिर दोबारा प्यार नहीं होता

29. कहानी लिखनी है

तुमपे एक कहानी लिखनी है मुझे
कुछ बातें पुरानी लिखनी है मुझे
तेरे जिस्म पे निशानी लिखनी है मुझे
तू अपने हिस्से की के गई
अब अपने हिस्से की फसानी लिखनी है मुझे
कुछ सच जो तूने ना कहा
कुछ झूठ जो मैंने कह दिया
अब ये बातें सारीलिखनीहैमुझे

30. चाय और

क्या तुझे है मालूम हम इतना दर्द क्यों सहते हैं?
क्या तुझे है मालूम लोग मुझे पागल क्यों कहते हैं?
इश्क़ को इक उम्र चाहिए जवां होने को
यहां तो चाय भी दो पल में नहीं बनती
क्या कहा इश्क़ में डर लगता है?
इश्क़ में डर की कोई जगह ही नहीं बनती
ये वो जुआ है जिसमें हार के भी जीत होती है
ये वो जंग है जहा हर आशिक़ सीने पे तीर खाने को ज़िंदा
मेरे पास बस कुछ किताबें है दौलत में
मैं उन्हें नहीं बेच सकता
पेट की आग मंज़ूर मुझे
मैं सोच की आग नहीं झेल सकता
ये कुछ लोग इनसे तुझे बचा के रखना है
ये जो कल के बड़े हुए इनको औकात दिखा के रहना है
तू बस हाथ थामे रखना मेरा गीता
तुझे भी ये दरिया पारकराकेरहनाहै

31. जौन से लिया दर्द

दिल से ये बावले क्यों नहीं जाती
तुझे मेरे याद की याद भी क्यों नहीं आती
सारे जाने अनजाने आके चले जा रहे हैं
बस एक तेरी चिठ्ठी नहीं आती
मेरे गिरेबान में अब कुछ नहीं बचा
दूर मुझसे ये वैहसियत क्यों नहीं जाती
ये यादें हैं तेरी या बलवा है
ये खंजर मेरे सीने से निकल क्यों नहि जाती
मैं परेशान हूं यादे माजी से
गुम ये यादाश्त भी क्यों नहीं हो जाती
मैं तो एक जहनम हूं
तू मुझसे निकलक्योंनहींजाती

32. तेरा

तेरा शहर मुझे रास ना आया राधे
तुझे तो हमारा ख्याल ना आया राधे
इतने दिन गुजारे तेरे ही मोहल्ले में
एक पल को भी तू हमारे पास ना आया राधे
जिस्मानी रिश्ते की ख्वाहिश नहीं रखी थी हमने
मगर तुझे तो हमारा ख्वाबभीनाआयाराधे

33. सताए हुए

एक शहर के सताए हुए हैं
हम जन्मों के रुलाये हुए हैं
किसी ने कहा तुम्हारे शेर मरहम हैं
तो किसी ने दर्द का नाम दिया
शायद यहाँ इसी लिए बुलाये हुए हैं
होगा इश्क अब दोबारा या नहीं
हम तो अभी भी जहेन में उसका दर्द समाये हुए हैं
वो जिसका दुप्पटा पिला था सरसों की तरह
उसका कोना वो अंशु से भिगाए हुए हैं

34. गाँव और

एक गीत गुनगुनाया करता था
वो जो खिडकियों पे दिये सजाया करता था
गाँव से बहार एक टूटा सा घर था उसका
जिसके आगे वो हुक्का गुड़ गुड़ाया करता था
हम बच्चो को कहानियां सुनाता
बदले में बाग़ से आम अमरूद मंगवाया करता था
एक दिन चाचा से खबर मिली की बुढा नहीं है अब वह
वो दियें कहा गए वो कहानियां कहाँ गयी?

35. ताज़ा टूटा

वो संवाला रंग मुझे याद है,

वो बड़ी-बड़ी आँखें मुझे याद है।

याद है उसका मेरा इंतज़ार करना,

उसका हाथ मेरे हाथ को छुना याद है।

उसकी बातें बहुत याद आती हैं उसका कहा एक किस्सा याद है।

याद है उसके लिए सुबह नाश्ता कौन बनता था,

याद है दिल्ली में रहते हुए उसे बंगला कैसे आती थी।

याद है उसे दूध पीने से कितनी नफ़रत होती थी,

याद है वह मेरे साथ कितनी खुश होती थी।

उसके जुल्फों की खुशबू याद है

उसके आँखों की श्याही याद है,

उसका लहज़ा वो शहेद लफ़्ज़ों में उसका वो घंटो बात करना याद है।

तुझे शायद मैं याद नहीं अब मगर तू मुझे आज भी याद है।

36. किताबें

मेरी बर्बादी में हिस्सा तुम्हारा भी कुछ कम नहीं,
कुछ तुमने बर्बाद किया कुछ इन किताबों ने,
कुछ मेरे दिल की गहराईओं में छुपा है, कुछ मेरे अश्कों में,
हम दोनों के बीच ये सफर-सफर ही रहा,
कोई रास्ता नहीं। तेरे बाद इन किताबों ने ही संभाला था,
मगर अब इन्हें भी मुझसे प्यार नहीं।
इनके किस्से मुझे रातों को डराते हैं,
मुझे सारी रात जगाते हैं।
दिल चाहता है दिल नोच के फेक दूं ये किताबें जला दूं,
मगर अब तुझे याद करने को कोई और सहारा नहीं।

37. दोस्त

आँखों में दर्द देख के मैं पहचान गया था
तू रोया है रात भर मैं जान गया था
नहीं है किसी को तुम्हारे दर्द से रबता
है मालूम रकीब को भी वो ये दर्द जान गया था
तेरे इश्क को कर रहे रुसवा ये लोग
जिन्हें तू बहुत पहले जान गया था
नहीं करना था इश्क उस हसीन से ए राधे
वो तेरे मौत की दुआ मांग गया था

38. करके बरबाद माँओं के लाल

हाये, करके बरबाद माँओं के लाल
मुर्शद फिर ये बेटियाँ अपने नसीब की दुआ मांगती हैं
वक़्त के हाथों से मांगी है ये दुआ हमने
खुदा से दुआ है के ऐसा कभी ना हो

39. क़सम का

तेरी क़सम का लिहाज़ रखा राधे
शराब छोड़ दी हमने
माँ ने कहा ज़िद नहीं करते ये आदत है ख़राब
तो छोड़ दी हमने
तेरे शहर के लोगों में इतना विश्पाना?
सरफ़त की दिलाई थी तूने जो क़समें
तेरे शहर वालों से मिलने के बाद
वो भी तोड़ दी हमने
तेरे बिना जीना मुश्किल है
ये जान लिया हमने
अब तो बस तेरी याद में जिया करते हैं
तेरे बिना कोई भी खुशी नहीं है
ये भी समझ लिया हमने

40. तेरी वफ़ा की ख़ातिर

तेरी वफ़ा की ख़ातिर ज़ालील किया तेरे शहर वालों ने,
तेरी फ़िकर नहीं होती तो सारा शहर जला दिया होता।
मैं तेरी चाहत में बे-खबर रात-दिन रोया,
तू मुझको भुला के किसी और को मेरी जगह दिया होता।
तेरे बिना कोई भी रास्ता दुश्वर सा लगा,
मैं तेरे साथ होता तो कहीं और का हो लिया होता।
तू ने दिया दर्द और शायद वही था मेरे नसीब में,
मैं तेरी वफ़ा का सिला नहीं पा सका तो क्या हुआ?
अगर तू बा-वफ़ा भी होती तो मैंने क्या किया होता?

41. शत्ता

यूंही अगर ये चलता रहा तो हम कहा जाएंगे?
ये गद्दी पे बैठे गिद्ध हमको नोच खायेंगे
औरों की बात छोड़ो खुद के लिए बोलो
अगर अब भी हम नही कुछ बोले
तो खुद को क्या मुंह दिखलाएंगे
हम सीता नहीं बचायेंगे
पर मंदिर वही बनायेंगे
हम राम नहीं पढ़ाएंगे
पर मंदिर वही बनायेंगे
हम कुचल देंगे लाचारो को
हम रातों में हमलें करवाएंगे
और मंदिर वही बनायेंगे
हम भूखे लोग सुलायेंगे
हम झूठी बातें फैलायेंगे
और मंदिर वही बनायेंगे